AF278213

Albert Einstein
$=mc^2$

textos de
ENRICO LAVAGNO

ilustraciones de
SILVIA BRUNETTI

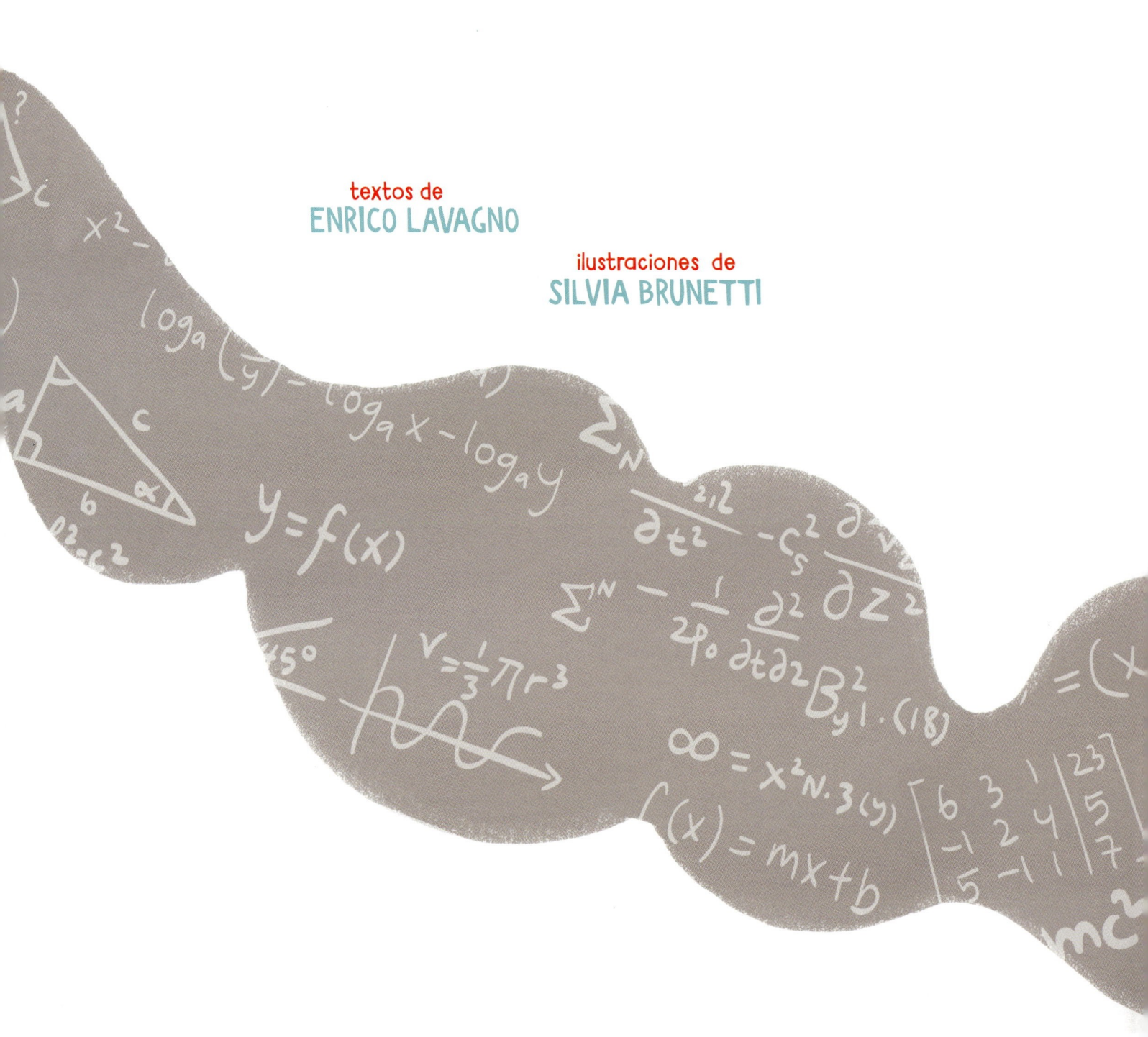

Albert Einstein $E=mc^2$

LA VIDA DE UN GENIO

Me presento: Albert Einstein

¿Pero dónde diablos lo he puesto? Pero si lo tenía aquí hace un minuto… ¿Pero qué significa «hace un minuto»? ¿Eran las cosas tan diferentes hace un minuto? ¿Y lo serán dentro de un minuto? Qué misterio. Dejadme pensar un momento…

¡Ah! ¡Aquí está!: mi violín. Lo estaba buscando porque tocarlo me ayuda a pensar y eso me encanta. Probablemente por eso estoy tan distraído… Ahora ya tengo ganas de contar cosas. Contar calma la mente ¡y no sabéis cuánto lo necesito! Mi trabajo me mantiene despierto incluso de noche, con todas esas ideas repentinas, esos relámpagos que desvelan los misterios más profundos del cosmos, solo durante un instante. Un flash y… ¡hala!, de nuevo la oscuridad. Por suerte, conozco millones de historias. He vivido dos guerras mundiales (la segunda terminó, en parte, gracias a mí). He visitado varios países, pero tuve que huir del mío. He visto gente cambiar el curso de la historia, tanto en nombre del bien como en nombre del mal. Conozco millones de historias. Así que mejor contaré solo una: la mía.

Dicen que la suerte no es suficiente para triunfar; hay que usar la cabeza. ¡Por supuesto! De hecho, ese es el punto de partida de esta historia: mi cabeza. Desde que nací, el 14 de marzo de 1879, estaba claro que no era muy normal… demasiado grande, según la matrona. Un poco deforme, según mi padre. Seguro que vacía, según mi abuela. La única que no sabía qué pensar era mi madre…

La antigua y hermosa ciudad de Ulm (en el sur de Alemania) en la que nací no fue mi hogar durante mucho tiempo. Mi padre, Hermann Einstein, era un pequeño industrial que estaba lleno de ideas, pero no era muy afortunado. Cuando sus negocios fracasaban, teníamos que mudarnos. La primera vez fue cuando la modesta fábrica de colchones que tenía con su primo salió mal. Nos fuimos a vivir no muy lejos, a Múnich. Sin llegar a ser un verdadero hombre de negocios, mi padre tenía ambición. Con su hermano, el tío Jakob, se lanzó a un proyecto entonces desconocido pero que ahora tiene una importancia vital: el suministro de electricidad. Un sector tan prometedor que mis padres decidieron ampliar la familia. Y así fue cómo nació María Einstein, la pequeña Maja, en 1881.

¡Pobrecita! Lo que tuvo que pasar con un hermano como yo, tan poco sociable y con la cabeza siempre en las nubes. ¿Queréis un ejemplo? En vez de jugar con otros niños al balón o, peor todavía, a la guerra, yo prefería quedarme solo para construir castillos de cartas. Castillos gigantescos sobre los que me surgían muchas preguntas. ¿Cómo podían mantenerse en pie? ¿Por qué se derrumbaban? Absorto en mis reflexiones, no me gustaba nada que la pequeña Maja me molestara en mis proyectos, ¡o se las vería conmigo! Un día, incluso le hice un poco de daño y todavía hoy me arrepiento muchísimo. Sin embargo, siempre me perdonaba, porque quizá era la única persona del mundo que me entendía… cosa que no es fácil, según la opinión de mucha gente.

ui uno de esos niños que empiezan a hablar tarde y que angustian a sus padres, como si todos los bebés en un momento preciso tuvieran que ponerse a decir «ma-má», «pa-pá», «ca-ca», «pi-pí», etc. ¡Un espectáculo en toda regla! Para mí era más lógico tomarme el tiempo necesario hasta saber decir cosas con sentido. De hecho, era lento formando frases.

Incluso, movía los labios varias veces antes de decir la frase en voz alta, lo que provocaba que todo el mundo meneara la cabeza y, estoy seguro, pensara: «Pobre Albert, ¡qué tonto!».

Tengo que darle las gracias a mi madre, Pauline Koch, por haber ido perdiendo poco a poco esa mirada que tenía yo, de niño gruñón y un poco raro. Era originaria de Stuttgart, le gustaba la música, tocaba un poco el piano y su instinto le decía que tocar un instrumento me haría mucho bien. El violín,

concretamente, hacia el que ella misma me orientó con insistencia. Tenía razón. Al principio, aquello me aburría muchísimo, pero muy pronto me di cuenta de que era capaz de «ver» la música. Relacionaba la estructura de aquellos sonidos escurridizos con los arcos, las cúpulas, los pilares, los espacios vacíos y llenos de una catedral. Todavía hoy el violín es mi fiel compañero; lo toco para calmar mi estado de ánimo, pero también para animarme, solo o en compañía, cuando me siento triste o contento… en fin, lo toco muy a menudo.

Gracias al violín descubrí a los músicos famosos. No me gustaban todos. Creía que Wagner era pomposo y confieso que Beethoven me parecía sombrío y aburrido. ¡Pero Mozart! Mozart, ahora por fin lo sé, había adivinado la verdad de las cosas, ya que su música contiene la belleza grandiosa y armoniosa de este Universo que yo me dedico a descifrar desde hace ya sesenta años.

Si la constancia de mamá mejoró mi carácter, papá y el tío Jakob no se quedaron atrás: ellos me enseñaron el camino. A decir verdad, un poco por azar en lo que respecta a mi padre que, cuando yo tenía cinco años, me regaló una brújula. No podía ni imaginar las repercusiones que aquella cajita de cristal y metal tendría en mí.

Tampoco olvidaré nunca la emoción que sentí cuando vi la aguja moviéndose, oscilando, temblando, como si estuviera dudando, para terminar apuntando siempre hacia la misma dirección aunque yo girara el objeto hacia cualquier otra parte. Fue en aquel preciso momento cuando una luz me iluminó la mente: ¡la aguja tenía que obedecer a una fuerza invisible, exterior, indomable que necesitaba entender! Un sueño infantil, sin duda, pero que jamás me abandonó.

Como buen ingeniero, con un pensamiento mucho más práctico y más dotado para las cifras, el tío Jakob, por otra parte, guio mis primeros pasos en el camino indicado por la brújula. Me hizo descubrir otra maravilla increíble: ¡las matemáticas!

Ya sé que muchos niños y adultos odian el álgebra y la geometría porque les parecen «pesadas»; sin embargo, las cifras, igual que las notas musicales, no son más que las letras del alfabeto de distintos lenguajes y de la misma manera «resuenan» y «hablan»: solo hay que saber escucharlas.

Mi tío se divertía poniéndome problemas cada vez más complicados, hasta que un día le dejé con la boca abierta. Elaboré una nueva demostración del teorema de Pitágoras, completamente diferente de las otras cinco o seis propuestas que existían desde la época del filósofo griego, pero perfectamente exacta.

Asombrado, mi tío se quedó sin palabras y terminó diciendo: «Puede que no seas ingeniero como quiere tu padre, pero nadie será mejor que tú en matemáticas».

11

i tío había dado en el clavo. Cuando tuve edad para ir al colegio, con todo lo testarudo que era, empecé a superar a mis compañeros en todo lo que tenía que ver con cálculos, cifras y ecuaciones. Sin embargo, en las otras asignaturas no era demasiado bueno, sobre todo en las que me parecían aburridas, como las lenguas extranjeras. En realidad, nunca perdí el acento de mi país natal y todavía hoy se ríen de mí porque hablo como un alemán de mentira…

En la práctica, estudiaba con pasión las disciplinas que me gustaban e ignoraba las otras, como hace la mayoría de los alumnos y alumnas. Sin embargo, no era tanto una cuestión de buena voluntad por mi parte, sino un problema de la escuela. Sé que es muy fácil echarle la culpa para justificar mis propios fracasos, pero en mi época y sobre todo en Alemania, la escuela era muy diferente a la de ahora. Parecía más bien un cuartel, con el director como general, los profesores como oficiales, los conserjes como sargentos y los alumnos éramos la tropa. ¡Pobre del que desobedeciera o se equivocara! Si por lo menos el cuartel hubiera sido moderno… pero no: algunos profesores iban con un siglo de retraso, firmemente anclados en sus convicciones anticuadas. Nunca fui tímido y me expresaba sin contenerme, así que recibía tantas malas notas (en francés, por ejemplo) como reprimendas.

Sin embargo, hacia 1889, Max Talmey se instaló en nuestra casa. Era polaco, me llevaba 10 años y estudiaba medicina en Múnich. Comíamos juntos y muy pronto se convirtió para mí en una especie de amigo-profesor.

Me regalaba libros de filosofía y de ciencia vanguardistas y que reforzaban mi convicción según la que todos los fenómenos naturales, empezando por la fuerza que guiaba la flecha de mi brújula mágica, podían explicarse por una única y gran teoría.

Pasé muy pronto de las matemáticas que me enseñaron en la escuela a las más complejas que se las harían pasar canutas hasta a los más inteligentes. Me apasionaban: admiraba extasiado los símbolos, paréntesis, corchetes, llaves, letras y cifras de las ecuaciones más difíciles. Lo mismo me pasaba con la geometría. Un teórico científico tiene que pasárselo bien, igual que te tiene que gustar el agua para aprender a nadar. Pero destacar en estas disciplinas no me sirvió de gran ayuda. Mi combate personal contra los profesores-oficiales y la escuela-cuartel siguió también en el instituto.

Un año (en 1894) incluso terminé fugándome del instituto al que iba en Múnich. ¿Para ir a dónde? Para reunirme con mi familia, claro, que durante ese tiempo se había mudado a Italia porque la empresa de mi padre había quebrado y había abierto otra en Milán. Al principio, mis padres se enfadaron. Mi padre me miraba frunciendo el ceño (para él, ese era el mayor gesto de severidad), mamá y mi tío decían que era un estúpido. Entonces, recurrí a mi talento de actor. Les prometí que estudiaría solo, que me aplicaría y que ayudaría en casa. Seguro que eso fue lo que convenció a mi padre para no volver a enviarme a Alemania: estaba contento de que le ayudara en su nuevo proyecto. 1895 fue para mí un año de estudio y de duro trabajo.

15

El verano de 1895 fue uno de los más felices de mi vida. En Italia, rica en historia, en arte, en naturaleza y, sobre todo, mucho más alegre que la Alemania de aquella época, me sentía libre como un pájaro. Tan libre que un día me fui a pie desde la Baja Lombardía para visitar a mis primos en Génova. Más de 100 kilómetros para alguien como yo que nunca fue buen atleta, pero que iba con paso firme y decidido, incluso animado, como dijo una vez un compañero de clase… y disfruté mucho del paseo.

Como demostré científicamente algunos años más tarde, el tiempo no corre siempre a la misma velocidad; el verano se fue en un segundo y sin embargo el otoño me pareció que duró un año. Solicité la admisión en la Escuela politécnica de Zúrich, en Suiza, pero suspendí el examen: era muy bueno en matemáticas y ciencias, pero un negado en todo lo demás. De nuevo, el colegio me rechazaba, así que decidí probar suerte en otro centro y di en el clavo por partida doble: me aceptaron en la Escuela de Arau, cerca de Zúrich, donde la enseñanza se basaba en principios modernos, y además encontré a la mejor familia de acogida que jamás hubiera imaginado: los Winteler. Profesor y erudito, Jost, el padre de familia, era un hombre avanzado a su tiempo, un pacifista convencido en una época en la que eso no estaba de moda ni siquiera en la pacífica Suiza. Su hija, la hermosa Marie, fue mi primera novia y su hijo, Paul, se casó con mi hermana. Con ellos me sentía casi como en mi propia casa, salvo porque nadie me criticaba. Al contrario, cuando quise expresar mi rechazo al militarismo renunciando a mi ciudadanía alemana, Jost me animó. Así fue como durante varios años me convertí en un apátrida, un «ciudadano de ningún país del mundo».

17

n 1896 por fin aprobé el examen de acceso a la Escuela Politécnica, suspendí francés (una y otra vez…), pero sacaba notas excelentes en matemáticas y en física. La física me atraía sobre todo porque me transportaba a un largo viaje. No se trataba solo de resolver cálculos mecánicamente, sino también de penetrar en un universo oscuro de diferentes fuerzas en conflicto permanente, encontrando el camino que lleva del caos a la comprensión universal: la verdad. Las matemáticas, al contrario, me aburrían y de hecho me escapaba a menudo de clase. No fue casualidad que el profesor Minkowski me considerara un donnadie. Sin embargo, por un golpe de suerte que ninguna teoría hubiera podido prever, fue precisamente él quien, años más tarde, me ayudaría a perfilar la teoría de la relatividad.

Como todo buen perezoso que se precie, intentaba compensar mis ausencias pidiéndole los apuntes a un compañero que iba a clase más que yo, Marcel Grossmann, que tomaba unas notas extraordinarias y era un genio en matemáticas (él también me ayudó en la formulación de la famosa teoría).

Zúrich se convirtió para mí en la ciudad de los encuentros más importantes. Como el de Mileva Maric, una estudiante serbia cuya inteligencia, superior incluso a su belleza, me sedujo hasta el punto de dejar a Marie Winteler para salir con ella y, más tarde, casarnos.

En cuanto a «amistad para toda la vida», conocí a Michele Besso, hijo de un asegurador italiano. No teníamos nada que ver el uno con el otro. Michele tenía ese tipo de inteligencia tan brillante que a veces se volvía caótica, mientras que yo, preciso y determinado, bromeaba con él y le decía que no valía para nada. Lejos de molestarse, Besso reía. Sus audaces intuiciones me fueron de una ayuda muy valiosa para elaborar mi teoría, pero lo mejor que hizo fue ser mi mejor amigo para siempre.

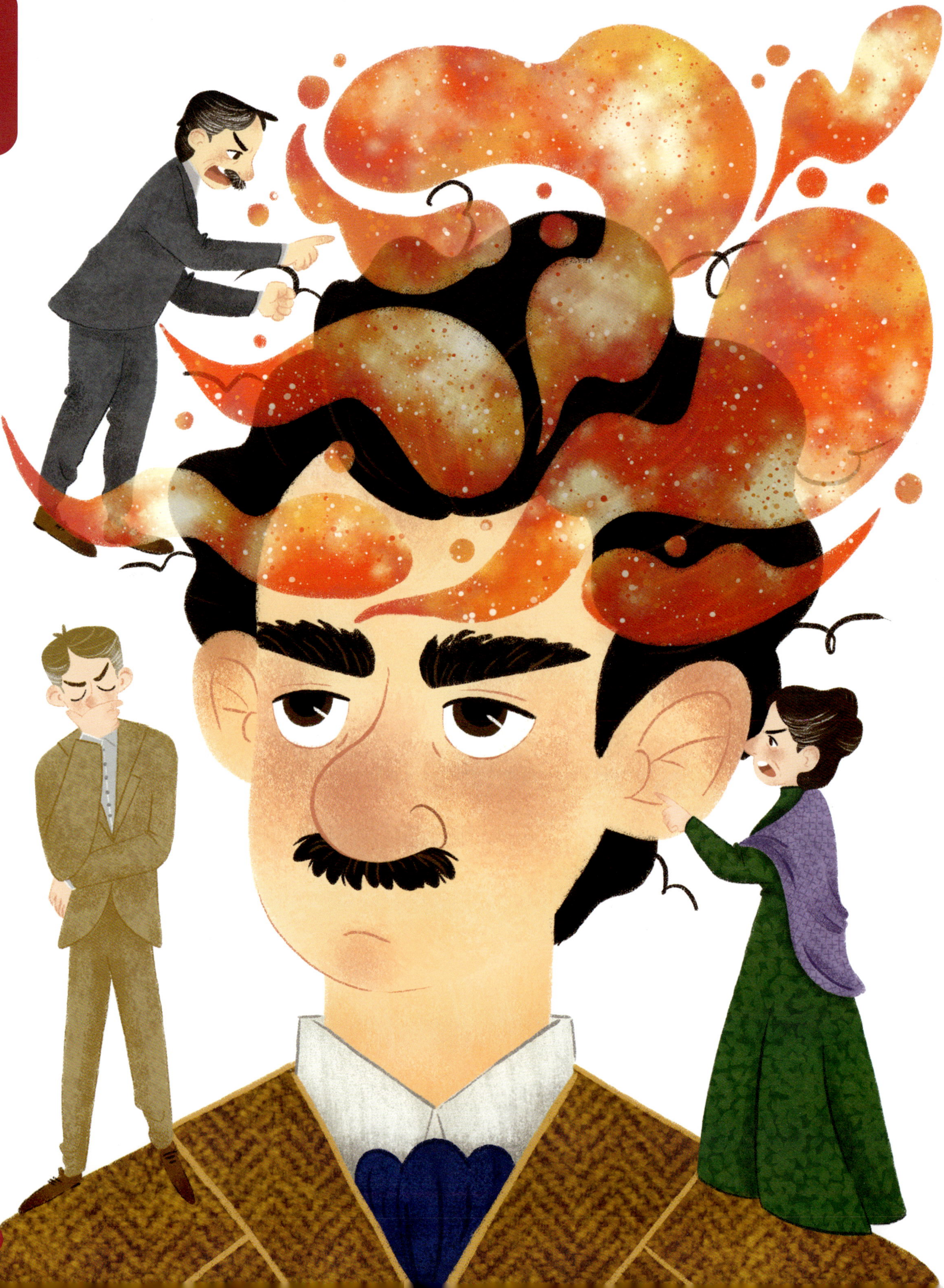

$E = mc^2$ El Universo en tres letras y una cifra

Grandes amistades, grandes ideas, un gran futuro. En el año 1900 este era más o menos el ambiente general en Europa después de treinta años de paz (no sucedía desde tiempos del emperador Augusto). Era la *Belle Époque*. Los impresionantes progresos de finales del siglo XIX (luz eléctrica, motores de explosión, teléfono, nuevos medicamentos, mayor igualdad y justicia, etc.) hacían pensar que el mundo estaba listo para dar un gran salto.

No tardamos en darnos cuenta de cuánto nos equivocábamos (todavía tendrían que pasar catorce años para la Primera Guerra Mundial), pero entonces nadie podía adivinarlo.

En cualquier caso, yo no podía porque tenía otras cosas en la cabeza. Mi tesis, por ejemplo. Me enfrentaba a un gran problema en la persona de Heinrich Weber, profesor de Física en la Escuela Politécnica de Zúrich que había sido un profesor excelente cincuenta años antes, pero que entonces resultaba tan anticuado como los coches a caballo. En lugar de aprovechar sus conocimientos, tuvimos un enfrentamiento y él no se mantuvo al margen; aprobé por los pelos. Hasta el punto de que a nadie se le ocurrió proponerme el puesto de asistente que estaba esperando. Así que tuve que buscar trabajo en Zúrich: clases particulares de matemáticas y sustituciones en el instituto. Estaba decepcionado. ¿Y si me hacía ingeniero como quería mi padre? Una carrera honrada, pero inútil. Lo pensé un tiempo, pero el recuerdo de mi padre me recordó también la brújula y decidí que no tomaría aquella dirección.

Así que escribí algunos artículos científicos para prestigiosas revistas y poco a poco me fui dando a conocer. En cuanto a las satisfacciones, fueron pocas, solo la de ser declarado no apto para el servicio militar y el de empezar a salir con Mileva... en contra de la opinión de los míos. Aquel fue un duro golpe. Yo, por supuesto, me negaba a hacerles caso y, antes de conseguir entendernos, mi padre murió. A decir verdad, creo que le había decepcionado toda su vida.

Aquí tengo que hacer un paréntesis. Muchos me han criticado y me criticarán todavía diciendo que a menudo me he mostrado como alguien sin corazón hacia mi familia (padre, madre, hermana, esposa, hijos, etc.). No están equivocados del todo, pero tenía mis motivos. La amistad y el amor son sentimientos maravillosos, ¡sobre todo para los jóvenes! Pero… hay un enorme «pero»: tarde o temprano, sin la menor duda, la amistad y el amor darán lugar al dolor. Ningún amor, ninguna amistad duran eternamente. Además, tengo que añadir que el amor no ocupa solo el corazón, sino también la mente; ninguna persona sensata tendría que colocarlo en la base de su existencia ni pensar exclusivamente en el ser amado. Puedo parecer brusco, pero las ideas en las que trabajaba importaban más, porque ellas sí son eternas. Absolutas. Totales. Mientras intentaba desentrañar los misterios del espacio y del tiempo, sabía que tenía poco tiempo que perder… y en mi corazón había espacio limitado.

Eso no significa que no amara a nadie. La prueba: en 1903 me casé con Mileva (cuya inteligencia apreciaba especialmente) y al año siguiente nació nuestro querido primer hijo, Hans Albert, que tendría la difícil tarea de ser un Einstein. Además de Michele Besso, tenía un montón de amigos, personas que eran mucho menos aburridas de lo que uno podría pensar sabiendo que todos eran genios en sus campos: filosofía, matemáticas superiores, física teórica, etc. Hablábamos durante horas sobre problemas que incluso para nosotros eran difíciles de entender, después de lo cual cenábamos salchichas y chucrut, riendo y bromeando como si el Universo que estábamos tratando de entender fuera solo una buena broma: era la Academia Olimpia, nuestro propio instituto científico.

i otro amigo, el irremplazable Grossmann, marcó un punto de inflexión en mi vida. Gracias a su adinerado padre, en 1902 conseguí entrar en la Oficina de patentes de Berna como experto técnico encargado de examinar las solicitudes de las patentes presentadas por toda una tropa de inventores, sabios o excéntricos.

Como yo también me divertía inventando instrumentos y aparatos, mi trabajo era bastante divertido y, sobre todo, ese empleo de funcionario me dejaba mucho tiempo libre para ocuparme de mis asuntos: razonar, resolver ecuaciones y redactar artículos científicos.

Como quien no quiere la cosa, durante los tres años que pasé en la Oficina de patentes me devané los sesos para arrancarle de las garras al cosmos tres de los secretos mejor guardados: la **teoría cuántica de la luz**, la **teoría atómica de la materia** y la famosa **teoría de la relatividad** (aunque, de momento, solo la versión «restringida»).

Sin entrar en detalles —si no, mi historia parecería una ecuación—, confirmé que la luz, la de las estrellas o la de las bombillas eléctricas, está formada por «corpúsculos de energía» (fotones) que se desplazan en el espacio a 300 000 kilómetros por segundo. También confirmé definitivamente la existencia de los átomos, partículas constitutivas de la materia. Descubrí que el espacio y el tiempo están tan íntimamente ligados que envejecemos menos viajando que permaneciendo inmóviles.

¡Increíble pero cierto! Estaba loco de contento. Cada nuevo descubrimiento quitaba otro velo de misterio. ¿Hasta dónde podría llegar? Estábamos en 1905, el *annus mirabilis*, el «año maravilloso» de mi carrera. Todavía no sabía lo que vendría después: nuevas intuiciones emocionantes, nuevos avances impactantes…

Entre todas las propiedades singulares que iba descubriendo, el tiempo no parecía tener la de someterse a mis deseos. Día tras día, entre solicitudes de patentes, los años pasaban y no encontraba ningún puesto de asistente en la universidad.

Sin embargo, trabajar en la Oficina de patentes me animaba a inventar aparatos eléctricos, pero solo era un pasatiempo, bastante solitario además. Mi mayor satisfacción vino en 1906 por un ascenso al rango de experto de segunda clase… pero aquello no cambiaba demasiado: patentes, una y otra vez.

Desde hacía tiempo, el mundo académico conocía bien mi nombre. Mis trabajos habían dejado con la boca abierta a los científicos más prestigiosos de la época, pero ninguno hablaba de ofrecerme un puesto universitario. La antigua costumbre de poner piedras en el camino de los judíos como yo se había vuelto a poner de moda en Europa…

Lo peor fue cuando me rechazaron para un puesto de profesor de matemáticas y geometría… ¡en un instituto! Aquella situación tan poco brillante también pesaba en el ambiente familiar. Mi esposa Mileva sufría por tener que haber dejado sus estudios (hay que decir que tenía mejores notas que yo). Sufría porque yo estaba lejos, perdido en mi universo de cifras y de amigos (y amigas) que ella no llevaba nada bien. Sufría por su manera de ser… y por

mi manera de ser. Pero la vida es una lotería. A base de enviar solicitudes de empleo, gané el premio gordo. En 1908, la Universidad de Berna me contrató como maestro conferenciante, un empleo incierto y mal pagado, que sin embargo tuvo el efecto de un guijarro que provoca un deslizamiento de tierra: doctor *honoris causa* en Ginebra y profesor asociado en la Universidad de Zúrich en 1909, después profesor en la Universidad de Praga en 1911. Un año antes, nació mi segundo hijo Eduard y la aventura continuó.

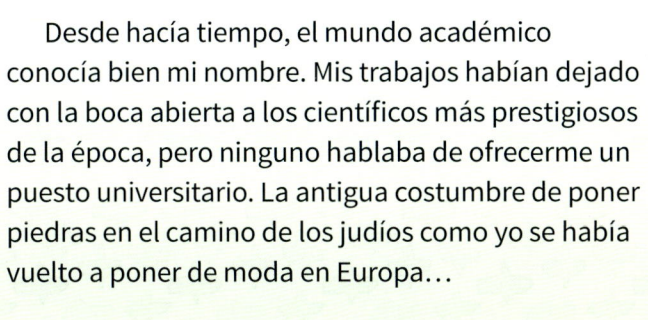

27

Zúrich-Praga-Zúrich y, para terminar, Berlín. Esas fueron mis idas y venidas entre 1911 y 1914, los últimos años de paz. En 1911 yo formaba parte de la Universidad de Praga gracias al físico Max Planck, que en cierto modo era el anti-Einstein, ya que pronto se convertiría en el pionero de la «otra cara» de la física: la física cuántica, que se interesa en los misterios del Universo a un nivel infinitamente pequeño y no infinitamente grande. A Mileva, sin embargo, no le gustaba Praga y yo también quería volver a Zúrich, donde me esperaba el puesto tan deseado de profesor de física en la universidad.

Tan ocupado como estaba, pasaba muy poco tiempo en casa y cuando Mileva me lo reprochaba, sentía resurgir en mí la misma exaltación que me enfadaba cuando Maja destruía mis castillos de cartas. Las ideas que tenía en la cabeza eran más importantes que una vida familiar apacible. Pero yo era optimista por naturaleza y el recuerdo de las satisfacciones superaba mis motivos de queja. En 1911 me invitaron al congreso Solvay con las mentes científicas más brillantes de la época y premios Nobel como Marie Curie, y al año siguiente obtuve el puesto en Zúrich. ¿No era eso lo que quería? Sin duda, pero el destino tenía otros planes. Sin pasar ni un año, me ofrecieron un puesto superprestigioso en Berlín, donde incluso terminé dirigiendo el nuevo Instituto de física Kaiser-Wilhem. ¿Cómo podría renunciar? En 1914 me instalé allí con Mileva y los niños.

Yo, siendo un pacifista convencido, tuve entonces que librar una batalla con mi esposa, que ya estaba harta de esperarme. Ella quería dejarme y llevarse a los niños lejos de mí. Solo podría ver a Hans y a Eduard en las vacaciones y darles una pensión equivalente a la mitad de mi sueldo de profesor. No sabía si estaba equivocado o si llevaba razón. Una situación absurda, hasta el punto de que me pareció que lo más sensato era prometerle a Mileva que le daría todo lo que ganara con el premio Nobel… ¡cuando lo consiguiera!

También tuve problemas con mis compañeros porque la mayoría, Max Planck incluido, se pusieron a justificar «científicamente» la guerra. ¡Una auténtica locura! No podía quedarme sin decir nada, así que firmé un «Llamamiento a los europeos» para pedir a las personas con sentido común que unificaran Europa en lugar de reducirla a pedazos. No sirvió de nada, y esto solo era el principio. Ante tantos frentes abiertos, yo me sentía más seguro explorando las partes oscuras del cosmos que entrando en las de los humanos. Esta fue sin duda la razón por la que a finales de 1915 la relatividad general surgió de mi mente como un relámpago que atraviesa las tinieblas. Estaba feliz, pero destruido. En 1917, mientras que el mundo se hundía en el caos, una úlcera me fulminó y tuve que estar meses en cama.

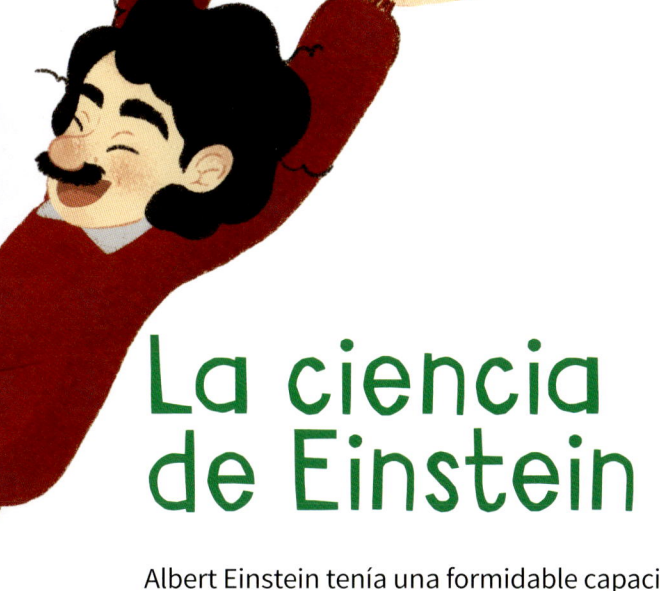

La ciencia de Einstein

Albert Einstein tenía una formidable capacidad para «visualizar» los problemas. Pensaba en imágenes más que en palabras o en cifras. Cuando tocaba el violín «veía» la música, se la imaginaba como una estructura que se iba construyendo nota a nota.

Sin duda, fue así como consiguió concebir nociones como el «espacio-tiempo», donde un objeto (un grano de arena en la galaxia) ocupa no solo un espacio (longitud, altura, profundidad), sino también una cuarta dimensión: el tiempo.

Si nos adentramos en una ecuación de elementos como la energía (E), la masa (m) y la velocidad, este singular Universo se presenta como una cama elástica muy tensa: todo objeto pesado que se ponga encima hará que la tela se hunda y que atraiga hacia él objetos más ligeros (la gravedad). Por eso la manzana que se separa de la rama cae al suelo, o las estrellas «atraen» hacia ellas a los planetas y les impiden que se pierdan en el espacio. Además, extender ese tapiz equivale a estirar todas las dimensiones que lo componen y, por tanto, el tiempo también, que pasa entonces más despacio: en un cohete propulsado a la velocidad de la luz (unos 300 000 kilómetros por segundo, es decir, algo menos que la distancia que hay de la Tierra a la Luna), ¡1 000 años se reducen a solo 3 días!

La relatividad restringida (la de la famosa fórmula $E = mc^2$) y la relatividad general prevén todos estos efectos y muchos más que, en conjunto, parecen gobernar el Universo. Pero no se aplican cuando pasamos de lo grande (el Universo) a lo pequeño (las partículas atómicas más ínfimas).

Este ámbito, la «mecánica cuántica», está regido por leyes totalmente diferentes. El que consiga hacer coincidir la relatividad con la mecánica cuántica obtendrá la fórmula que le quitó el sueño a Einstein: la teoría unificada o la teoría del todo.

omo todas las tormentas, la guerra también terminó. En 1918 mi salud mejoró y 1919 se anunciaba como un año de paz… por decirlo de alguna manera. Sin haber terminado de resolver unos problemas, el conflicto había creado otros nuevos, pero desde mi punto de vista científico, al menos hubo un avance. En 1914, varios astrónomos alemanes habían decidido comprobar si la fuerza de la gravedad (el efecto imán que ejercen algunos cuerpos, como las estrellas) podía de verdad hacer que la luz se curvase, como mis cálculos preveían. Para ello les hacía falta un eclipse total del Sol, un acontecimiento que no se produce todos los días. El 21 de agosto de 1914 habría un eclipse en Crimea, que entonces era una provincia rusa.

The Times

Llenos de esperanza, los científicos se pusieron en marcha a finales del mes de julio, pero precisamente el 1 de agosto Alemania declaró la guerra a Rusia. Fin del experimento. En 1919 les tocó a los ingleses probar el experimento y sus observaciones confirmaron mi previsión: la gravedad curva la luz. Mucho mejor si en 1914 surgió aquel problema… ¡porque en aquella época mis cálculos eran completamente falsos! Esta hermosa conquista científica le vino muy bien a mi amor propio. La noticia fue difundida por todos los periódicos y de repente todo el mundo se enteró de que un desconocido profesor alemán (¡yo!) había sido el autor de «uno de los mayores avances de la mente humana».

Estaba muy orgulloso de mí mismo, tengo que confesarlo. Esperaba que mamá también lo estuviera. Pero como pasa a menudo, las expectativas de los hijos no coinciden siempre con las de sus madres, y al contrario. Aquel año, mamá se puso mucho más contenta cuando volví a casarme. Estoy seguro de que era lo que esperaba de mí, pero solo algunos meses más tarde se puso enferma y murió en 1920. El genio que había revolucionado la ciencia ya era famoso, pero huérfano. Eso era lo que pensaba cada vez que tocaba el violín que me habían regalado para celebrar mi éxito.

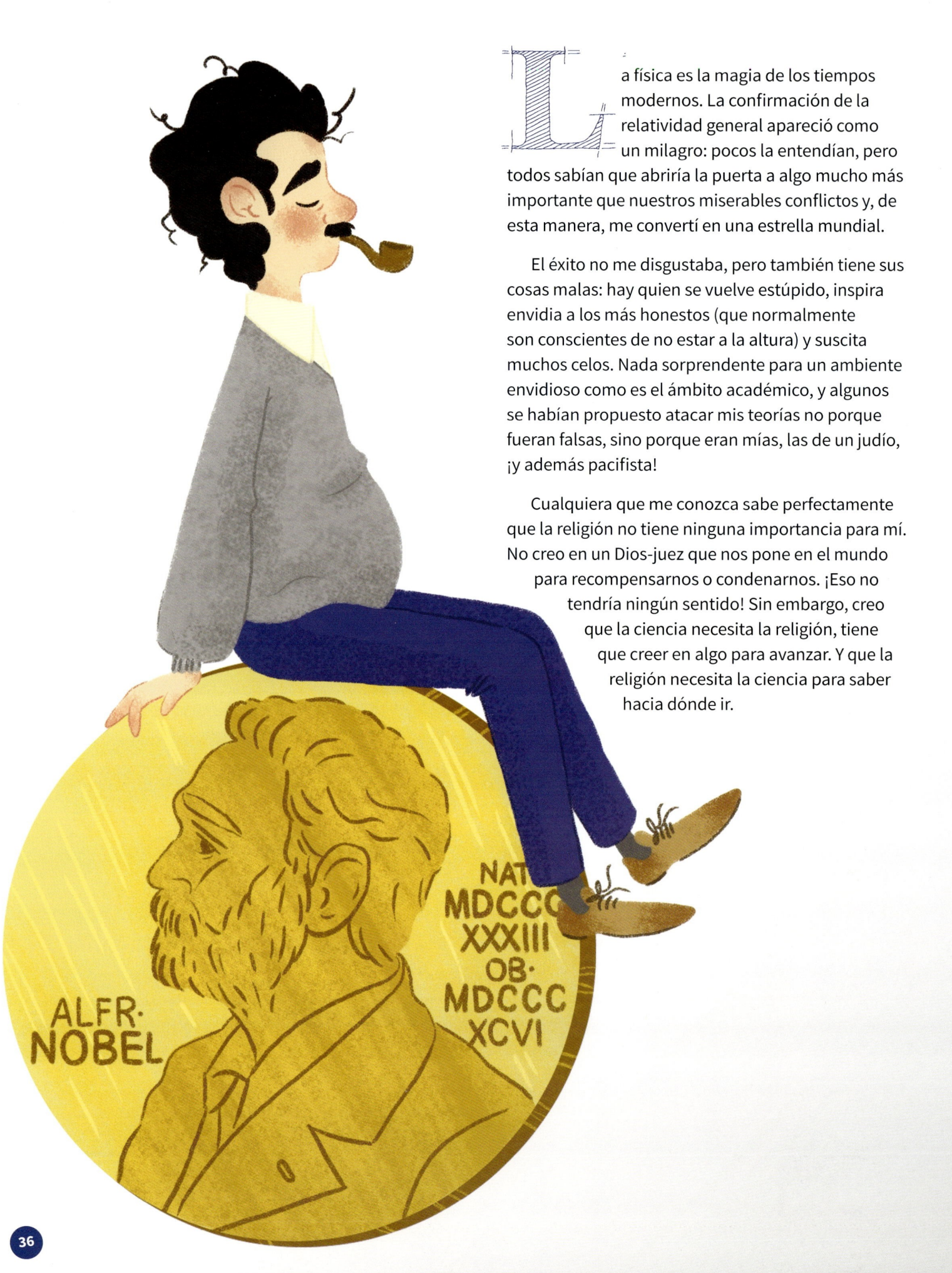

La física es la magia de los tiempos modernos. La confirmación de la relatividad general apareció como un milagro: pocos la entendían, pero todos sabían que abriría la puerta a algo mucho más importante que nuestros miserables conflictos y, de esta manera, me convertí en una estrella mundial.

El éxito no me disgustaba, pero también tiene sus cosas malas: hay quien se vuelve estúpido, inspira envidia a los más honestos (que normalmente son conscientes de no estar a la altura) y suscita muchos celos. Nada sorprendente para un ambiente envidioso como es el ámbito académico, y algunos se habían propuesto atacar mis teorías no porque fueran falsas, sino porque eran mías, las de un judío, ¡y además pacifista!

Cualquiera que me conozca sabe perfectamente que la religión no tiene ninguna importancia para mí. No creo en un Dios-juez que nos pone en el mundo para recompensarnos o condenarnos. ¡Eso no tendría ningún sentido! Sin embargo, creo que la ciencia necesita la religión, tiene que creer en algo para avanzar. Y que la religión necesita la ciencia para saber hacia dónde ir.

ALFR. NOBEL

NAT· MDCCC XXXIII OB· MDCCC XCVI

Dicho esto, los ataques de algunos compañeros fueron tan malintencionados que despertaron al Albert Einstein «malo» del que ya he hablado. Reaccionaba a las críticas con los peores insultos públicos, desencadenando todavía más críticas que me hacían sentir avergonzado, como hacía tantos años con Maja. Me prometí que aquello no volvería a ocurrir nunca más. En 1921 cogí un transatlántico con mi esposa (la nueva) en dirección a América. Y… ¡ah!, sí, lo olvidaba: en 1933, conseguí el famoso premio Nobel.

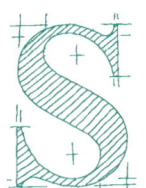i tuviera que calificar el periodo entre 1923 y 1930, hablaría de mis «años itinerantes». Me hice muy famoso, recorría el mundo para dar conferencias, conocer a jefes de Estado, incluso a países enteros, millones de personas me recibieron lanzando confetis en Estados Unidos, China y Japón, Palestina, España, Inglaterra, Italia, Francia, Cuba, América del Sur, etc., felices de ver llegar al «hombre que lo había entendido todo» … ¡Ojalá! Yo les hablaba más de paz que de teorías incomprensibles, ya que unos años después, la que tendría que haber sido la primera y última guerra mundial, en realidad solo sirvió para preparar la segunda, más moderna y, por tanto, mucho peor.

Esta época vio surgir figuras excepcionales, encarnaciones del bien o del mal. Adolf Hitler, de quien no me parece útil hablar mucho más (si no es para mencionar mi único punto en común con él: los dos éramos vegetarianos) y Mohandas Gandhi, a quien todos los jóvenes querían conocer para comprender cómo se puede ganar una guerra sin violencia.

En este torbellino de vida mundana, trabajaba menos que de costumbre en mis teorías. Sin embargo, me hice amigo de personas que jamás hubiera imaginado que podría conocer: desde la reina Elisabeth de Bélgica hasta Charlie Chaplin, el famoso Charlot del cine mudo, que también era un hombre extraordinario, muy querido por el público pero no por los poderosos, ya que no temía decir lo que pensaba. Todavía me río con el recuerdo de un día en el que, ante los aplausos del público, me soltó: «A mí me aplauden porque todos me entienden. Y a usted porque nadie le entiende». ¡Qué razón tenía!

Nadie parecía entenderme y aún ignoro qué resultaba más incomprensible, si mis ecuaciones o mis llamamientos a la paz. Pero el verdadero problema era que los pocos que habían entendido mi trabajo no tardaron en ver a dónde podía llegar. Así comenzó la era atómica.

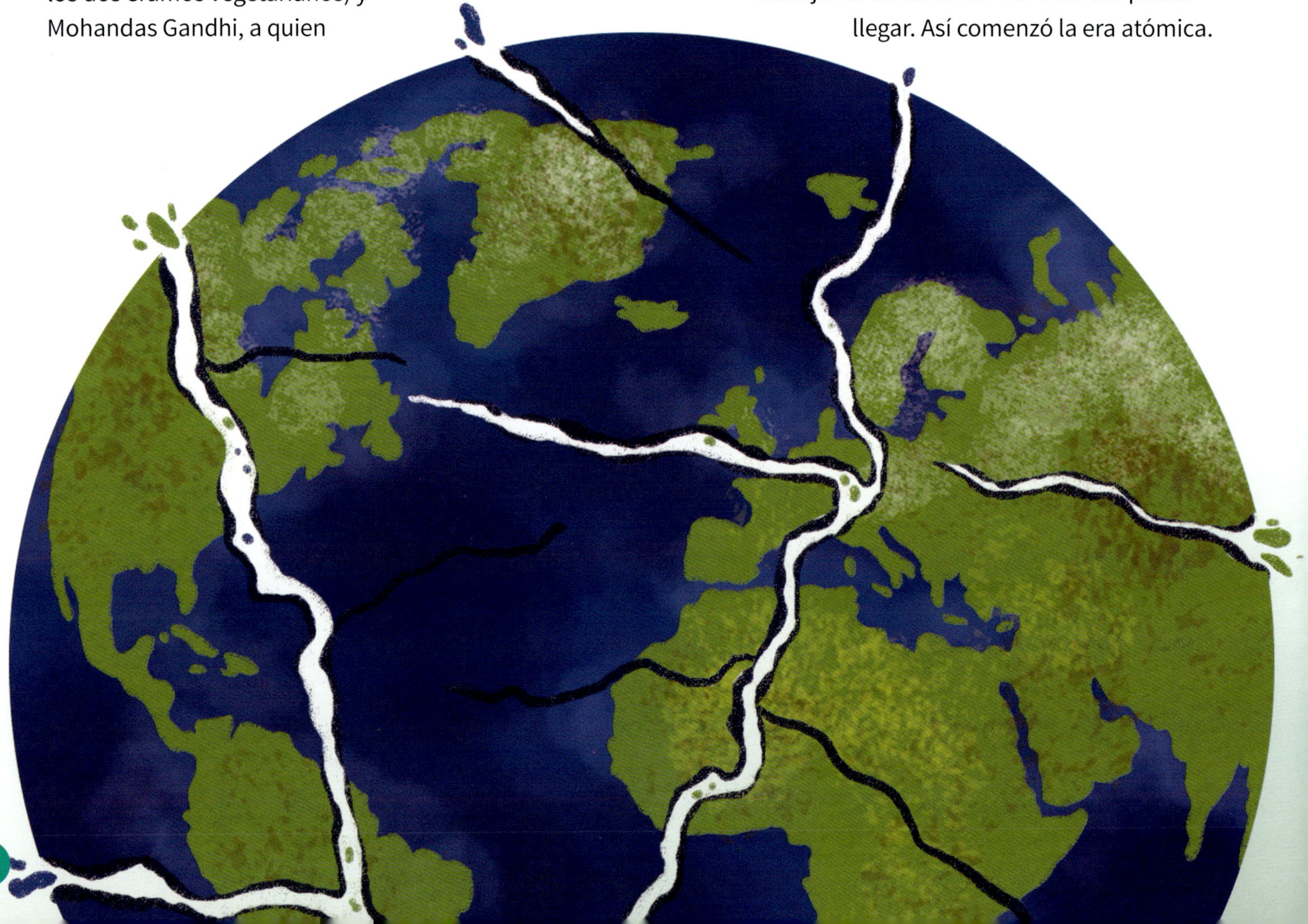

El amanecer de una nueva era: del átomo al futuro

Mi famosa melena, que ya se había puesto casi blanca del todo a principios de los años 30, era mucho más visible que nunca, la prueba evidente de que estaba envejeciendo, de que estaba demasiado ocupado como para peinarme y que ya no podía esconderme. Era un «personaje público», con todo lo bueno y lo malo que eso conlleva. Tomemos dos ejemplos. En 1922, fui recibido en Japón por el emperador en persona, un honor deseado por cualquiera de sus súbditos. Pero los japoneses no son envidiosos y me recibieron por millones, algunos esperaron incluso durante toda la noche en la puerta de mi hotel para verme salir por la mañana. Esta es la parte buena de las cosas. En 1929, la ciudad de Berlín me regaló una casa para celebrar mis 50 años. Una idea fantástica, salvo porque la casa ya estaba habitada por gente que no tenía ninguna intención de marcharse.

No pasa nada, pensaron, ¡en vez de una casa le daremos un terreno! Pero el proyecto fue reconsiderado y tuve que hacerme yo mismo el regalo: una casita al borde de un lago donde podría dedicarme a la vela, mi gran pasión. La ciudad de Berlín me había jugado una mala pasada. Siempre por la misma razón: era judío. Y esta es la parte mala de las cosas. En 1932 escribí a Sigmund Freud para preguntarle qué opinaba sobre todo aquel odio. El padre del psicoanálisis respondió que no había mucho que hacer, que la psique del hombre le empuja al odio y a la destrucción. Solo hay dos cosas capaces de frenar su propensión a la lucha: la cultura y el miedo a las consecuencias de la guerra. Una respuesta descorazonadora pero muy justa, como veremos más adelante. Al final, decidí que ya había tenido suficiente y en diciembre dejé Alemania para siempre con mi esposa, Elsa. Y menos mal: un mes más tarde Hitler llegó al poder y mi refugio del lago fue saqueado.

onfieso que a veces lo mejor hubiera sido que me quedara callado. Mamá me lo decía a menudo: «Escucha música, aprende a tocarla, aprende a que te guste... y cállate». La insolencia puede complicar las cosas y destruir los esfuerzos. Tomemos el ejemplo cuántico. Por resumir, en este admirable año de 1905, el de la relatividad restringida, enuncié el «principio de indeterminación», una expresión complicada que significa que algunas dimensiones no pueden medirse con precisión.

Este concepto hizo furor entre los jóvenes físicos, pero en un momento dado se volvió en mi contra. Grandes cerebros como Planck, Bohr, etc., casi todos mis amigos, se dieron cuenta poco a poco de que el Universo no parece estar gobernado por leyes idénticas en todas partes como, al contrario, defiende la relatividad general.

Tratándose de una partícula (comparable a un grano de polvo llevado por el viento), se puede decir dónde se encuentra, pero no a qué velocidad se desplaza; o bien, a qué velocidad se desplaza, pero no dónde se encuentra. Más difícil todavía: según las nuevas teorías de la mecánica cuántica, un objeto solo existe si es observado. ¿Nos habíamos vuelto locos? No podíamos decir: «Mmmm, sí, más o menos, así está hecho el Universo», y todavía menos: «Pues sí, la Luna está ahí arriba porque la veo». ¡Una auténtica locura! Las cosas son o de una manera o de otra.

Entonces, empezó una fuerte confrontación entre teorías y contrateorías. Cada vez que alguien pensaba que iba ganando, había otro que se sacaba de la manga una respuesta que acababa reduciéndolo todo a cenizas. Este problema ocupó más o menos toda la segunda mitad de mi vida, que empezó en Estados Unidos en el año 1933.

uando me instalé en Estados Unidos obtuve una nueva nacionalidad, pero perdí otra: ahora era suizo y americano, pero ya no era alemán. Gané con el cambio: Suiza y Estados Unidos fueron los únicos países en los que viví sin demasiados problemas. Sin embargo, no todo era perfecto. En América no todo el mundo me miraba con buenos ojos, empezando por las elegantes damas de un grupo feminista que me trataban de antiamericano y de comunista. Yo soy demócrata, pero en mi fuero interno pienso que el hecho de tener una lengua no significa que se sepa utilizar: hay que tener algo que decir que sea inteligente; si no, solo será divertido.

El presidente Roosevelt me acogió con todos los honores y recibí una oferta de trabajo en un instituto de investigación que me venía como un guante, el Institute for Advanced Study de Princeton (Nueva Jersey), donde podría dedicarme tanto como quisiera a mis complicados cálculos y también a enseñar (aunque, según parece, soy demasiado distraído para ser profesor). En cualquier caso, en Princeton me sentía como pez

en el agua. Vivía en una casita blanca que tenía un jardín a lo largo de una avenida llena de árboles, como en las películas de Hollywood. Estaba tan cerca de mi lugar de trabajo que podía ir y volver a pie, dando un paseo tranquilo a la sombra de los olmos. Nunca me saqué el permiso de conducir. Según mi esposa, conducir era demasiado complicado para mí. Además, el paseo me permitía sumergirme en mis pensamientos… tanto que una vez me perdí. ¿Qué hice entonces? Llamé a la secretaría del instituto haciéndome pasar por otro y le pregunté cómo podía llegar a casa del profesor Einstein.

45

Nunca hay que encariñarse demasiado con el nido. Estados Unidos fue para mí un refugio dorado, pero la naturaleza de las cosas humanas está siempre al acecho para transformar la alegría en pena. En 1936, Elsa, mi segunda esposa, amable, entregada, indulgente y, por lo tanto, muy adorada, murió. Sentí ese sufrimiento del que siempre había querido escapar dedicándome a «algo más importante» que el amor (no sirve de nada recordármelo: sé que se trata del pretexto que usan todos los maridos y padres ausentes. Solo espero haber podido demostrar cuando acabe mi relato que lo que consideraba «importante» realmente lo era).

Mi dolor iba desapareciendo poco a poco gracias a mi barquito de vela, que se llamaba *Tümmler*, pequeño como la cáscara de una nuez, en el que me dejaba llevar por el viento perdiéndome en el mar de mis pensamientos; al violín, triste distracción; y a mi hijo mayor, Hans Albert, que en 1943 se instaló en California para trabajar como ingeniero. Hans me había criticado mucho por la forma en la que me había comportado con Mileva, su madre, y con Eduard, su hermano. Tenía toda la razón. El problema fue que tanto Mileva como Eduard, en un momento dado, perdieron todo el contacto con la realidad y yo soy físico; para serles de alguna utilidad hubiera tenido que ser psiquiatra. Se quedaron en Europa y nunca más volví a verlos. Hans Albert me perdonó. Yo jamás hubiera sido capaz.

46

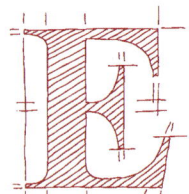n 1929, Maja también se vino a Estados Unidos. Se había ido a vivir a Italia con su marido Paul (el hermano de mi primera novia), pero tuvo que huir por culpa de las leyes en contra de los judíos que cada vez eran más duras. ¡Vaya!, incluso Italia, ese hermoso país que siempre había querido tanto, se había unido a la locomotora nazi e iba directa hacia el conflicto armado, la Segunda Guerra Mundial, la de la bomba atómica… Sí, la bomba. El punto de no retorno en la historia del mundo. Una conmoción tan grande que hubo que asimilarla poco a poco.

El término «átomo», creado ya por los antiguos griegos, significa «lo que no puede dividirse». ¡Falso! Por supuesto que el átomo se puede dividir, aunque con consecuencias desastrosas. Este fenómeno (que se llama «fisión») funciona de acuerdo con la fórmula $E = mc^2$, pero no es muy evidente. Yo mismo no vi la relación y nadie más tampoco, hasta en 1938, cuando dos químicos alemanes descubrieron el secreto. Por suerte, la noticia «pasó ilegalmente» al extranjero y llegó hasta nosotros en América.

Con «nosotros» me refiero a mí mismo, a Niels Bohr, al físico italiano Enrico Fermi, a Leó Szilárd, un viejo amigo con el que había inventado frigoríficos innovadores hacía algunos años, y a otros científicos que, en su mayoría, ironías del destino, habían huido de la represión en Europa. Juntos, decidimos actuar y escribimos al presidente Roosevelt para informarle del peligro que corríamos si Alemania se hacía con el arma atómica. Estábamos en 1939.

En septiembre Hitler invadió Polonia y el desastre comenzó. Digamos que la reacción del presidente no fue tajante. Encargó a varios militares y físicos que hicieran algunas investigaciones, pero no pasó nada hasta 1941. Más tarde, después de otro desastre (el ataque japonés de Pearl Harbor), la situación siguió empeorando. En 1944 la bomba atómica estaba lista, rodeada del secreto más absoluto, un secreto del que yo no sabía nada. ¿Einstein ya no contaba para nada?

Durante la guerra, los Estados Unidos me reclutaron en cierto modo; me nombraron consejero científico de la Marina y tuve que ocuparme del armamento, en contra de mis convicciones pacifistas. Cortarme el pelo fue la única obligación de la que me pude escapar con alivio. Nada más.

Me mantuvieron completamente apartado de la bomba porque, efectivamente, era pacifista y seguro que también comunista (según decían), y para colmo, alemán, así que era un enemigo potencial. Más valía que fuera prudente. Pero la verdad terminó triunfando y en 1944 un amigo me puso al corriente.

Cuando Alemania capituló en 1945 sin haber fabricado la bomba, tener una «preparada para usarla» era demasiado tentador como para no aprovecharse de la situación. Escribí otra vez a Roosevelt para convencerlo de no ceder a la tentación, pero el presidente, que estaba enfermo desde hacía tiempo, murió antes de leer mi carta. Su sucesor, Harry Truman, al contrario que cualquier pacifista, decidió lanzarla sobre Japón en contra de la opinión de muchos científicos que habían participado en el proyecto. ¡Bum! En agosto de 1945 dos bombas A, en vez de una sola, explotaron. Esto fue una doble tragedia para los japoneses y una doble amargura para mí, ya que por si esto no fuera suficiente, siendo yo, entre otros, el autor de la fórmula $E = mc^2$ relativa, la de la fisión nuclear, la idea de que yo estaba en el origen de la bomba atómica se extendía. ¡Era absurdo! ¡Precisamente yo, que había hecho todo lo posible para disuadir a los gobernantes de recurrir a las armas!

Sin embargo, la devastación de Hiroshima y Nagasaki fue tan horrible que, por lo menos, tuvo una consecuencia positiva. La humanidad tiene una característica particular, como ya había dicho: puede producir individuos excepcionales como Jesús, Buda o Gandhi, pero por lo demás parece una guardería. Mejor, porque incluso un niño hubiera entendido que nada puede escapar de la bomba atómica, sobre todo quien la lanza y quien la recibe.

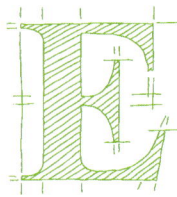

l conflicto mundial terminó, pero no por ello reinó la paz. Los años 50 coincidieron con la Guerra Fría y el macartismo, triste periodo de la historia americana en la que el miedo al enemigo (en esta ocasión, Rusia, que en 1949 se hizo con el arma atómica) dio lugar a la ya habitual «caza de brujas»: la persecución y expulsión de comunistas, pacifistas y todo lo demás de los Estados Unidos. Nada novedoso.

Pero como ya lo había profetizado Freud, el miedo puede bloquear la guerra y, de hecho, la Tercera Guerra Mundial no ha estallado todavía. Para evitarla, seguí promulgando la creación de un gobierno mundial capaz de controlar el uso de la bomba, o mejor incluso, de desecharla para siempre. Por supuesto, me tomaron por loco. Efectivamente, es mi marca de fábrica. Gracias a los periódicos, todo el mundo conocía mis jerséis deformes, mi pelo alborotado y mi imagen sacándole la lengua a los fotógrafos. ¡La viva imagen del «científico loco»!

Pero las críticas nunca me han asustado, más bien me han molestado. Llegué a decir que si pudiera dar marcha atrás, en vez de centrarme en la carrera científica, hubiera elegido una profesión más cómoda y honorable, como la fontanería. De hecho, tomaron al pie de la letra estas declaraciones y ¡una asociación de fontaneros me nombró socio honorífico!

Por suerte, los fontaneros no son los únicos que me aprecian. En 1952, me ofrecieron la presidencia de Israel, un joven estado que nació en 1949… Demasiado joven para alguien tan viejo como yo. Sin dejar la enseñanza, sigo devanándome los sesos con la misma cuestión: la teoría unificada capaz de explicar todos los fenómenos físicos.

Pero como temo quedarme sin tiempo, aprovecho para lanzaos a vosotros el guante, los jóvenes, e invitaros a hacer lo contrario de lo que dije: si os apasiona mi acertijo cósmico, en vez de haceros fontaneros, elegid la física y resolvedlo vosotros mismos.

=33,47
b
90
c
$\frac{d^2y}{dx^2} = \frac{d}{dx}\left(\frac{dy}{dx}\right)$
$x^2-6x+8=$
$-\log_a y$
$ab=(x+a)$

Poco a poco, como quiere la naturaleza, mi universo se vació. Mileva, mi primera esposa, murió en 1948. En 1951 fue el turno de Maja, mi querida hermana. En cuanto a mí, un problema grave de circulación me envió al hospital durante mucho tiempo. Así que ha llegado la hora de hacer balance. Cualquiera que me considere un gran hombre me honra, pero olvida al niño que fui: curioso, instintivo, a veces —¿tendría que decir a menudo?— desobediente. Los niños son la mejor parte de la humanidad. Las preguntas que recibo de niños de todas partes del mundo son divertidas, pero sobre todo, muy inteligentes y sinceras, mucho más que las que hacen los «mayores». Algunos me preguntan si existo de verdad, si rezo, si soy consciente de que soy un genio. Otros darían su vida por viajar conmigo a Marte. ¿Cuándo he merecido tanta confianza?

El niño que permanece en mí ha tenido un papel crucial. Es su curiosidad la que me ha empujado a descubrir la fuerza que mueve la aguja de la brújula. Gracias a su descaro nunca me he dejado silenciar y he sido un luchador con palabras y sin violencia. Es la sociabilidad la que me ha motivado para poner mi vida al servicio de los demás, no para el interés de unos pocos, sino de la mayoría. Todo esto me hace feliz, aunque no consiga responder a todas las preguntas.

Y ahora, al final de mi largo relato, ya puedo coger mi violín y tocarlo. Tocar y pensar hasta alcanzar y superar ¡los confines del Universo!

© 2025, Editorial Libsa
C/ Puerto de Navacerrada, 88
28935 Móstoles (Madrid)
Tel. (34) 91 657 25 80
e-mail: libsa@libsa.es
www.libsa.es

ISBN: 978-84-662-4423-7

Derechos exclusivos para todos
los países de habla española.

Traducción: Samara Ibarra Bernal
Título original: *Io sono Albert Einstein • La mia vita da genio*
© MMXXI Nuinui, S.A.

Queda prohibida, salvo excepción prevista en la ley, cualquier forma de reproducción, distribución, comunicación pública y transformación de esta obra sin contar con autorización de los titulares de propiedad intelectual. La infracción de los derechos mencionados puede ser constitutiva de delito contra la propiedad intelectual (arts. 270 y ss. Código Penal). El Centro Español de Derechos Reprográficos vela por el respeto de los citados derechos.
DL: M-24574-2024

ENRICO LAVAGNO, nacido en Turín, es escritor, editor y traductor. Colabora con editoriales italianas y también otras y es el autor de numerosas obras de carácter histórico, artístico y geográfico. Después de haber trabajado durante mucho tiempo en la edición «para adultos», se ha dedicado con pasión durante estos últimos años a los libros para niños y adolescentes.

SILVIA BRUNETTI nació en 1989 en Roma, donde vive y trabaja como ilustradora independiente. Dibuja desde que aprendió a coger un lápiz y después de haber asistido a la Escuela romana del cómic, la Escuela de ilustración Officina B5 y a muchos seminarios, en 2015 emprendió su carrera como ilustradora independiente. Cuando no está dibujando, le gusta pasar el tiempo rodeada de naturaleza con sus perros o bien, tumbada en el sofá viendo series de televisión, películas o leyendo cómics.